너를 잃고 나를 만나다

너를 잃고 나를 만나다

초판1쇄 발행 2025년 7월 5일

지은이 지상협
펴낸이 이길안
펴낸곳 세종출판사

주소 부산광역시 중구 흑교로 71번길 12 (보수동2가)
전화 463-5898, 253-2213~5
팩스 248-4880
전자우편 sjpl5898@daum.net
출판등록 제02-01-96

ISBN 979-11-5979-787-3 03810

정가 12,000원

이 책은 저작권법에 따라 보호받는 저작물이므로 무단전재와
무단복제를 금지하며, 이 책 내용의 전부 또는 일부 내용을 재사용하려면
사전에 저작권자와 세종출판사의 동의를 받아야 합니다.
* 잘못된 책은 교환해 드립니다.

너를 잃고 나를 만나다

지상협 시집

세종출판사

첫 시집을 내면서

설렘과 두려움, 감사와 부끄러움이 교차합니다.

소외계층의 어려운 이웃들과 함께하는
봉사의 시간은
제게 인간의 진정한 얼굴을 보게 합니다.
작은 나눔 속에서
인간다움이란 무엇인지
삶이란 무엇인지를 조용히 배우고 있습니다.

살아 계실 때 다하지 못한 효孝,
소외계층의 어려운 이웃을 만날 때마다
부모님의 얼굴이 겹쳐 보입니다.
그래서 더 따뜻하게
더 진심으로 살아야겠다는 마음으로
그들을 만나고
뒤늦은 효孝의 길이라고
스스로 화해를 구하기도 합니다.

그리고 자유롭게 길을 걷습니다.
부산용호동에서 출발하여
강원도 고성 통일전망대까지

해파랑길(450km), 지리산 둘레길(295km)을
따라 걸으면서 자연과 함께한
아름다운 세상을 봅니다.
그 길 위에서
저는 혼자가 아닙니다.

함께 걷고 함께 나눈 회원 여러분!
봉사와 나눔을 함께하시는 분과 후원자 여러분!
언제나 제 삶의 뿌리이자 등불이 되어주신
부모님께 깊은 감사의 마음을 전합니다.

또한 이 시집을 세상에 내는 데
조용히 응원을 보내주신
박미정 교수님께 깊이 감사드립니다.

내 삶의 풀꽃들이
누군가에게 작은 위로가 되기를 소망합니다.

2025년 여름날, 명지에서

지상협 삼가

차례

첫 시집을 내면서 • 4

제 1 부

매화꽃 피는 소리 ____ 15
나의 작은 세상 ____ 16
따뜻한 빛으로 ____ 17
너를 잃고 나를 만나다 ____ 18
그 바람의 길목에서 ____ 20
자연의 삶 ____ 22
약속 ____ 24
그날, 풍경소리 ____ 26
그리움의 노래 ____ 27
낡은 앨범의 기억 ____ 28
아직, 겨울새벽 ____ 29
구름 속의 별을 찾아 ____ 30
끝없는 사랑의 길 ____ 32
바람이 불고 있다 ____ 34
단조와 장조 ____ 35

제 2 부

가을 ____ 39
가을처럼 ____ 40
가을 사람들 ____ 41
그리움 하나 ____ 42
겨울눈, 웃고 있다 ____ 44
길거리 나눔 냉장고 ____ 46
도심 속의 정 ____ 48
우리 그렇게 하자 ____ 49
같이 웃는 기쁨 되기를 ____ 50
만약 날개가 있다면 ____ 51
어둠속의 대화 ____ 52
격렬한 비, 자세히 보자 ____ 53
멈추지 않는 불꽃 ____ 54

제 3 부

반딧불의 길 ____ 59
상록수 ____ 60
흑기사의 생각 ____ 61
아버지의 길 ____ 62
마음의 빈자리 ____ 64
미움과 그리움 ____ 66
삶의 궤적 ____ 67
첫눈 ____ 68
상사화 ____ 69
낙엽에 비석을 세우다 ____ 70
첫 만남의 겨울 ____ 71
길 위의 인생 ____ 72
둘레길에서, 문득 ____ 74
사랑할 수밖에 ____ 75

제 4 부

고운 선생의 발자취 ____ 79
약속의 길로 향하다 ____ 80
마음과 마음을 잇다 ____ 81
나무의 노래 ____ 82
석양이 물든 버스종점에서 ____ 84
독도 ____ 86
수업 중에 ____ 87
시간 속에 피어나는 꿈 ____ 88
생각 ____ 89
화요일, 열다섯 시 경 ____ 90
창작의 문, 길을 열다 ____ 91
명산 주인이 되어 ____ 92
틈 ____ 93
해심 읽기 ____ 94
그대를 위한 불꽃 ____ 95
내 마음의 별 하나 ____ 96

제 5 부

산동네 ____ 101
달동네에 피는 아침 ____ 102
지리산 둘레길 ____ 103
정읍, 바람의기도 ____ 104
정읍에 스미다 ____ 106
불갑사에서 ____ 108
바다에 가면 바람이 있다 ____ 109
갈매기의 항해, 칠천도에서 ____ 110
해질녘의 신호등 ____ 112
오월엔 그럴 수밖에 없다 ____ 113
꿈과 현실의 조율 ____ 114
길을 걷다 ____ 116
작은 빛의 희망 ____ 117
한해 끝자락에 서서 ____ 118
새해 시작에 나의 모험이 시작되다 ____ 120

평론 · 박미정
인연과 생명, 지극한 사랑의 휴머니티 ____ 123

제1부

매화꽃 피는 소리

봄의 귀향 소리다

아지랑이를 깨우는 소리다

무심코 작은 바람이

매화꽃가지마다

꽃망울 터트리는 소리다

나의 작은 세상

작은 손길로 마음을 달래며
따스한 미소로 나를 감싸는 당신

세상에서
지칠 때마다 생각나는
당신은
나의 작은 행복의 소유자

당신과 함께한 순간들
평온과 편안함으로 가득 찼고
순간마다
나의 작은 세상이 넓어만 졌다

같이 웃고
같이 울던 우리

서로 이해하며
지내온 시간들 하나하나 소중하여
내 안에 담아 간직하고 있다

따뜻한 빛으로

별빛이 가득한 밤하늘 아래
서로의 길을 밝혀주는 등불처럼
그 마음은 한줄기 빛이 되어
세상을 따뜻하게 감싸리라

가장 작은 손길에서 피어나는
커다란 변화의 물결이여
봉사는 무모한 도전의 길

그 끝을 알 수 없어도
걸어가는 발자국마다
새로운 길이 피어나리라

서로의 마음을 이어주는
희망의 다리, 봉사의 이름으로

너를 잃고 나를 만나다

너를 품던 시간은
늘 너의 그림자였다
내가 웃을 때도
그 웃음은 너의 것이었지

너를 위해 고른 말
너를 향한 걸음
그 속에 나는 없었지만 나는 몰랐다

어느 날,
너를 잃고서야
침묵의 거울 앞에 섰다
비로소 낯선 눈빛이 말을 걸었다

"너는 누구니?"

그제야
가려졌던 나의 이름을 부르고
숨죽였던 꿈들이 숨을 쉬었다

아프게 너를 떠나
처음으로 나를 만났다

작고 조용하지만
온전히 나,
나를

너를 잃음은
나의 끝이 아니고 나의 시작이었다

그 바람의 길목에서

가을바람이
붉은 금빛을 나뭇잎에 뿌렸다

그 바람이 일찍 다녀간 숲길에서
만난
낙엽 뒹구는 소리

시몬!
너는 아는가?
내가 낙엽 밟는 소리를…

숲 아래 떨어지는 햇살을 비켜 걸으며
잠시
시를 썼다가 지우고
지웠다가 다시 쓰기를 반복하다 모두 지웠다

가자!
나를 기다리는
그 바람의 길목으로

서둘러 숲을 빠져나와
아직도 어둔 갈색으로
짓누른 하루의 저녁을 보내고 있을
그들에게
작은 웃음 하나라도 건네러 가자

자연의 삶

고목에 활짝 핀 꽃 한 송이
세상과 어떤 인연을 맺었을까

모진 풍파 속에서도 꺾이지 않고
인내하며 지키는 생명

널 바라보며
생명의 고귀함을 다시 새겨 본다

꽃 한 송이가
나에게 전한 향기는 너무 거룩하여
아름다움이란
생명을 지키는 것에 있음을 깨닫고

불가능과 포기가 없다는 것을
어떤 어려움을 마주하더라도
꿈을 향해 힘차게 나아가야 함을 불러일으켰다

고목의 세월을 내가 어찌 알까만
꽃 한 송이 벽이 되어

기둥이 되어
생명을 살리는 훈훈한
자연의 삶인 것만은 확실해
그렇게 살고자 하네

나도
어려운 누군가의 숨 쉴 틈이 될 수 있으면
한 발 더 그들 가까이
손길과 발길이 닿을 수 있도록

약속

세월은 흘렀어도
그대의 깊은 숨결은 유창히 흐르고 있네

봄날 다시 오마 하던
그 미더운 약속
오늘이 듯 기다리고 있으니
산천 꽃피는 봄날이어도
오직, 그대만 내게 오소서
분홍복사꽃이듯 그렇게 오소서

정녕 묵은
이 그리움에
내 마음은 깊이 묻혀있네

푸른 하늘 아래 펼쳐진
꽃들의 춤에도
나의 기억은 단단하여 흔들리지 않고
영원하니
곳곳마다
그대의 목소리가
아니 흐르는 곳 없네

고목의 그늘 아래
나의 속삭임을 전해주소서

사랑은 시들지 않고
계절이 바뀌어도 변하지 않는
그대와의 약속

고목의 향기가 영원하듯
그 약속
나의 가슴 속에 영원히 간직되어 있음이니
오소서
그대여
나의 사랑이여

그날, 풍경소리

  절을 찾았다 처마 아래 풍경을 바람이 치고 있다 바람소리가 없다 불가능을 감지하는 순간 물고기 한 마리는 좋아서 바다 깊숙이 노를 젓는다 물결치는 바다, 바다가 저만치 수평선을 그리며 그 너머에서 오는 희망의 소리를 안고 처마 아래 풍경을 치고 있다 땡그랑 땡그랑 맑은 소리를 내며 드러난 푸른 바다, 푸른 물결 소리다

그리움의 노래

너와 나의 시간은 별빛처럼 반짝였지
어둠 속에서도 서로의 빛이 되어

하지만 세월은 차가운 바람을 불러
우리의 손길은 서서히 멀어졌지

기억의 조각들을 모으고
너의 웃음 너의 눈빛을 모으고

그 모든 순간이 가슴에 남아
아직도 나를 괴롭혀

이별은 끝이 아닌 새로운 시작이라지만
너 없는 세상은 여전히 그리움으로 가득해

사랑했던 날들 그 따스한 온기를
영원히 간직할게, 너의 이름을 부르며

내 마음속의 너처럼
너의 마음속에도 나처럼 남아있기를

낡은 앨범의 기억

뜨거운 태양 아래 반짝이는 물방울
바람에 실려 오는 가득한 노래
파란 하늘 아래 끝없이
끝없이 부서지는
파도의 순간들
여름의 낭만이 있다
햇살에 반짝이는 꿈들
해안선을 걸으며
밀려왔다 밀려가곤 했던
나의 성장기
매미 소리보다 더 컸던
아이들의 웃음소리
우리 동네 여름날의 풍경
뜨겁게 타올랐던
나의 청소년 성장기도 거기 있다
여름의 순간들
그 시간들이
영원히 기억될 그날이 되어
앨범 속에서 한가하게 들추어 볼
나를 기다리고 있다

아직, 겨울새벽

물결이 굴러오면서
파도를 깨우고 있다

바다의 고요가
바다 끝에 닿아

하얗게
해안선을 그리는 파도

밀려갔다
밀려올 뿐

고요하고 괴괴한
겨울새벽이다. 아직

구름 속의 별을 찾아

당신의 손끝에서
한 올, 한 올 엮어진
삶의 아리랑이 흐릅니다.
굽이치는 산을 넘고
깊은 강을 건너
길 없는 길을 걸었던
당신 삶의 굴곡마다
새긴 주름의 깊이가
아리랑 선율처럼 뚜렷합니다.
가시밭길을 맨발로 걸으며
울지 않고 흘린 눈물
그것이 우리가 마실 물이 되었습니다.
어머니!
당신의 노래는 단순한 슬픔이 아니라
끝없는 희망의 멜로디
구름 속에서도 별을 찾으려던
그 강인한 마음이었기에
내 가슴에 각인되어 있습니다.
오늘도
나는 당신의 아리랑을 듣습니다.

노래 끝마다
새로운 시작을 알려주는
그 길을 따라 걷습니다.
어머니!
당신이 있기에
우리의 내일은 밝습니다.

끝없는 사랑의 길

살다가
살다가 찾은 이 길을 어찌 놓치리오

당신의 고결한 뜻을
내 마음 깊이 새겨 담아
맑고 푸르른 기상으로
햇살 아래 나아가리라

가난한 이웃의 꿈이 되어
희망의 씨앗을 심으리라

차가운 바람 속에서도
따뜻한 온기를 나누며
우리의 발걸음이 닿는 곳마다
사랑의 꽃이 피어내리라

행여 어둠이 와도 두렵지 않으리오
함께하는 손길이 있기에

서로의 아픔을 보듬고
기쁨을 함께 나누며
끝없는 사랑의 길 위에서
다시 한 번 약속하리라

살다가
살다가 찾은 이 길을 어찌 놓치리오

바람이 불고 있다

혼자 서서 눈을 감으면
멀리 떠난 그대의 뒷모습에
내 마음이 흔들린다

잊으려 해도 지울 수 없는
그대의 그림자 속으로
한 걸음씩
그대를 향한 길 위에 섰다

내 간절한 마음
함께 휘어져
멈추지 않는 바람이 되어 불고 있다

단조와 장조

낙엽이 떨어지는 소리의 울림으로
늦은 가을이 진동한다

추억을 스며들게 하는
그 울림의 멜로디에
애잔하게 젖은 가슴
단조의 노래로 울려 혼자 섧다

황금빛 물든 낙엽의 무게에
또 다시 단조의 노래를 이끄는 것은
세상을 떠나실 때
부모님의 야윈 무게를 보았던 때문이리라

그러나 이제는 낙엽의 노래를
경쾌한 장조로 옮겨 들으며
거름이 되는
흙의 부활을 상상하며
즐겁게 낙엽의 노래를 들으리라

제2부

가을

세월의 톱니바퀴에서
마주친
낙화하는
꽃
아,
가을이네

가을처럼

가을은 부지런히 붓질을 한다
산천초목을 가리지 않고
물들이는 작업을
하루 종일

붓질에 피어나는
오색찬란한 단풍으로
한낮의 태양을 눈부시게 하여
햇살을 흘러내리게 하는

오호, 가을이여!
나의 가을은
이렇게
내가 기다리던 향기로
나를 감싸고
나를 위하여
아름다운 붓질을 놓지 않으니

나도
가을처럼 부지런히
너의 어둠을 환하게 붓질하며 살리라

가을 사람들

단풍을 더 곱게 물들이는
하늘은 높고 푸르다

산은
그윽하게 단풍을 깊이 안고
들녘은
온통 황금 열매를 꺼내고 있다

가장 아름다운 순간은
바로 지금, 이 순간이라고

산으로 들녘으로 향하는
나들이 행렬의 사람들

너도나도
단풍의 조용한 속삭임에 물들고 있다

그리움 하나

깊은 밤
눈을 감으면
내 안에 잠든
그리움 하나

손끝에 스치듯
아련한 소망이
고요히
나를 부르네

그리움 하나
멀리서
손닿지 않는
별처럼
반짝이며
나를 간절히 이끌지만
언젠가 닿을 수 있을까
언젠가 닿을 수 있을 테지…

아무리 손을 뻗어도
늘 허공에 손을 젓지만
내 모든 마음을 담아
이 밤 지나면
내일 다시
당신을 향해 걸으리라

겨울눈, 웃고 있다

하얀 꽃 춤추며
고요한 세상에 내려와
온통 하얗다

간밤에 내린 겨울눈
나뭇가지에 소복이 쌓이고
귀한 아이들의 웃음소리가 간간이 들려
얼어붙은 창문을 열었다

눈사람을 만들고 있는 아이들
여럿
겨울 눈 위에서 눈사람을 만들고 있다

다시 겹겹이 열었던 창문을 닫고
나섰다
아이들이 있는 곳으로

미끄럼 틀 위에서
미끄럼을 타고 미끄러지는
눈바람이 떨어져 속절없이 뒹굴어도

크고 작은 눈사람 여럿
환하게 웃고 있다
겨울눈 위에서

길거리 나눔 냉장고

작은 골목길
바람이 속삭이는 곳
길거리 나눔 냉장고가 조용히 서 있다

차가운 금속 속엔
따뜻한 손길의 정情 가득 차
홀로 사는 어르신 주름진 손으로
조심스레 문을 열면
시름을 떨치게 한다

'오늘은 뭐가 있을까'

아이처럼 설레는 마음으로
열면
길거리 나눔 냉장고에서 받는
작은 선물 하나가
오늘의 기쁨이 되는
어려운 우리 이웃들

따뜻한 마음
따뜻한 손길 하나가 모여
하루를 밝혀주고

희망을 잃은 눈빛을 살아나게 하여
삶을 발견하게 하는
길거리 나눔 냉장고

작은 나눔이 큰 행복이 되고
서로의 마음을 연결하는 징검다리가 되어
사랑의 연대를 만들고 있다

함께 하는 순간이
얼마나 아름다운지
작은 정성이 모여 큰 기쁨이 되는
순간이 얼마나 행복한지

마음과 마음을 따뜻하게 연결하는
길거리 나눔 냉장고

사랑이 시작되고
희망을 싹트게 하여
웃음으로 행복을 펼쳐 나가게 한다

도심 속의 정

바쁜 도심 속 한 구석

작은 냉장고 하나

신선한 채소의 밭이다

신선한 과일의 과수원이다

하루하루 쌓여가는 온기

봉사자의 손길에서 나와

필요한 사람에게 닿는 마음

따스한 정情

도심 속의 낮은 곳에 흐르는

아름다운 인정이다

우리 그렇게 하자

칠흑 같은 어둠일지라도
우리, 같은 길을 걷는다면
서로서로 등불이다

어두울수록
별이 빛나듯이
우린
서로를 단단히 신뢰하고
길을 만들며 갈 수 있다

가난은 임금님도 어쩌지 못했다 하지만
백짓장도 맞들면
무엇인들 못하랴

서로서로 힘과 마음을 합하여
가난한 이웃에게 다가가자!
그들과 함께
같이 웃자

같이 웃는 기쁨 되기를

골목길을 따라 걸으면
따뜻한 눈빛들이 마주친다

그 속에서 피어나는 나눔의 기쁨
우리는 하나의 마음이 된다

작은 손길들이 모여 큰 힘이 되고
나눔의 기쁨은 점점 커져간다

달동네의 어르신들에게
우리는 작은 희망을 전한다

그들이 웃을 때 우리도 웃고
그들이 행복할 때 우리도 행복하다

나눔의 기쁨은 그렇게
달동네 구석구석에 스며든다

만약 날개가 있다면

만약 날개가 있다면

아침 허공에 노래를 짓는
아름다운 새가 되고 싶다

만약 날개가 있다면

가난한 이웃에게 날아가
부름에 응답하리라

그들의 눈물을 닦아주고
작은 바람이라도 막아주리

돌아오면
날개를 내려놓고

내일 아침을 위해
다시 날개를 지어

훨훨
그들을 향하여 날아가고 싶다

어둠속의 대화

물결이 춤추는 밤하늘 아래
별빛이 속삭이는 조용한 시간이다
바람에 실려 오는 오래된 이야기
추억의 조각들이 흩날리며 떨어지는
길목에 서서
사라진 순간들을 되새기며
마음 깊은 곳에 숨겨둔 사랑
그리움의 향기가 가득 퍼지는 것을
제어하지 못 한다
어둠 속에서도 빛나는 희망
내일의 날개를 펴고 날아오르리라
이 순간을 품에 안고
영원히 기억할 수 있기를
다시 사랑할 수 있기를

격렬한 비, 자세히 보자

비가 거칠게 내리는
밤을 꼬박 새웠다
길거리 냉장고를 이용하는
그들의 밤에도 내렸을 비설거지가 걱정이다

간헐적으로 내리는
비의 횡포에 바람까지 더하여
가슴을 쓸어내리며 여명의 시간을 기다린다
기다리는
동녘은 어제와 다르게 깜깜하다

여전히 줄기차게 내리는
오월의 비
무엇에 그렇게 화가 났는지 격렬하다

더 기다려 보자
새벽이 오면
분노인지 적개심인지 자세히 살펴보자

떠들고 지나간 그 가운데서
여전히 자리를 지키고 있을
길거리 냉장고의 안심부터 살피고
그들의 밤도 안녕했는지 자세히 보아야겠다

멈추지 않는 불꽃

새벽빛이 창가를 두드리면
누구보다 먼저 깨어나는 마음이 있다
침묵 속에 불붙는 의지처럼
이른 아침부터 꿈을 쌓아가는 욕망이 있다

멈춤을 모르는 세월처럼
한걸음씩 나아가고자 하는 열망
어제의 실패를 단단히 묶어
오늘의 토대로 삼으려는 마음

바람이 불면 깃발처럼 펄럭이고
비가 오면 강물처럼 흘러가리라
어떤 장애도 밀쳐내며
부지런히 제 길을 찾아가는 의지의 숨결

부지런한 욕망은
하늘의 별마저 손에 닿을 거라 믿으며
땅 끝에서 시작된 작은 바람도
세상을 감쌀 거라 외치며 활기차다

오늘도 욕망은 달린다
그 끝을 모른 채
하지만 그 끝이 더 빛나길 바라며

제3부

반딧불의 길

깊은 밤 숲속 어둠 한가운데
작은 빛 하나
길을 내고 있다

누군가의 발걸음을 돕기 위해
조용히 자기를 태우고
어둠을 밝히며

가난한 이의 눈물을 닦고
등불이 되어
희망의 노래를 부르게 한다

상록수

내가
그대들을 만났을 때
내 젊은 날은 이미 달랐다

럭비공처럼
어디로
어느 방향으로 굴러갈지 몰라
내 마음은 어지럽고 혼란스러웠다

그러나 그대들을 만나
깨달았다
둥글기만 해야
제대로 굴러가는 것이 아니라는 것을

럭비공이 골대를 흔들며
결국 골을 만들어 내듯
내 삶도 흔들리며 나아간다는 것에

목표를 잃지 않고
그대를 향하다 보면
어느새 거기엔 늘 푸르게 자라는
상록수가 서 있을 것이다

흑기사의 생각

그들에게
뜬금없는 흑기사가 되어
과분한 환영을 받았네

바쁘다 여긴 건
내 생각뿐
나는 그대들의 그대가 된 것에
감사하네

아버지의 길

울퉁불퉁한 돌길을 걸어가며
정상을 향해 나아가는 길

꽃과 새와 바람까지
잠시 쉬라고 말하네

선택한 길이기에
가야할 길이기에

자식 농사가 풍년 되어
발걸음이 가속화 되네

길엔 시련과 역경이 기다리지만
아버지가 날 위해 놓은 발걸음을 따라

그 길엔 희망과 미래가 놓여 있어
그 안에서 내 삶의 의미를 찾으며

아버지의 길, 그리고 나의 길
서로 다르겠지만 하나다

나는 아버지의 뒤를 이어서
자랑스럽게 걸으리라

마음의 빈자리

잊어진 골목길
너의 웃음소리 여전히 나를 감싸
바람에 실려 온 기억들은
차가운 밤하늘에 별이 되어 빛나고 있어

너의 소중함, 그때는 알지 못 했어
내가 너에게 못해준 수많은 말들
사랑의 고백보다 더 깊은
진정한 마음을 외면한 나의 어리석음

너의 눈빛 속에
내가 담지 못한 진심이
아련한 그리움으로 피어오르고
내 안의 비어있는 공간을 채워가고 있어

미안하다는 말
가슴 속에 쌓인 눈물로
너의 소중함을 깨달은 후
너의 행복을 기원하는 마음으로 가득해

시간이 흘러도
내 마음은 여전히 너에게
추억 속의 따뜻한 온기
너와 나의 이야기를 영원히 간직할 게

내가 너를 잃은 뒤
비로소 깨달은 이 마음
너의 존재가 얼마나 큰 선물인지
그리워하는 오늘도 너를 사랑해

미움과 그리움

그녀에 대한 사랑은 깊고 영원하다
마음을 품은 소중한 인연이다
함께한 순간들이 얼마나 소중한지
감사하며 마음을 전한다

그녀의 미소는 햇살처럼 따뜻하고 밝게
서로의 고난과 어려움을 함께 나누며
손을 잡고 함께 걷는 그 순간은
힘과 용기를 더해주는 보탬이다

그녀를 사랑하는 마음은
서로를 이해하고 배려하는 마음
마음 한 편에 피는 우정의 꽃은
향기롭고 아름다움으로 가득하다

그녀와 함께한 추억은
일생 동안 간직하고 소중히 여길 보물
마음으로 그리움을 전하며
미움을 항상 사랑하라는 말을 전한다

삶의 궤적

고요한 햇살이 스며들 때
작은 새소리로 마음을 깨우고
시간은 흐르는 강물이 되어
기다림을 노래하네

바람은 살며시 나뭇잎을 흔들고
하늘은 푸르러
희망의 씨앗을 품게 하는
아침은 너무 맑아
저 멀리 들려오는 발걸음 소리
가까이 듣고자 귀를 열면
다가오네

기다림은
때론
아련한 그리움이지만
온유한 마음으로
오늘을 살아가게 하는 원동력이므로

기다림은
훗날
삶의 궤적이 되는 것이 아닐까

첫눈

하얀 꿈이 내려와
세상을 감싸지만
나직이 부는 바람
따뜻한 기억을 데려고 왔다
조용히 속삭이는 눈송이들 사이로
어린 시절의 웃음이
새하얗게 피어나고
그러다가 사라지고 덮이는
이 순간,
내 마음속에는
첫눈처럼 순수한 네가 오버랩 되고 있다
조금 쓸쓸하지만
그리움 어린
첫눈 오는 날
다시 너를 만날 수 있기를

상사화

숲 속 깊은 그늘 아래
홀로 핀
꽃

그리움이
슬픈
긴 꽃대

목이
길다
너무 기다려

낙엽에 비석을 세우다

가을바람이 부는 날
낙엽들은 저절로 떨어진다
하나씩 땅에 내려앉으면서
잠시 쉬어가는 듯한 모습을 보인다

낙엽들이
한 장면 한 장면이 되어 흘러가며
지난날들을 회상하게 한다

만약 그리움에 눈물이 흐른다면
낙엽 한 장을 골라
비석을 세우고 그리움을 전해야지

낙엽에 비석을 세우고
지나간 추억들을 기리면
잊어지지 않을 소중한 이야기를
낙엽들이 노래한다

낙엽에 비석을 세우면
그대의 기억은 영원히 새겨져
나에겐 아름다운 지문이 되어 있다

첫 만남의 겨울

1월 어느 날 오후
시골길을 걸으며
우리의 발자국을 새기던 날

따스한 찻집에서
향기로운 대화를 나누고
감나무 아래에서
웃음꽃이 소담히 피었네

서로의 이야기를 바람결에 실어
눈빛 속 꿈과 희망을 조용히 나눴네

겨울 풍경처럼
순수했던 우리의 모습
그 소중한 순간을 가슴 깊이 새겨진
첫 만남의 겨울이었네

길 위의 인생

푸른 나무들 머리 위에
햇살이 살포시 내려앉으면
가지 사이로 지나는 바람이 보이지만

길 위에 햇살이 내려앉아도
곧게 뻗어 있는 햇살은 보이지만
아쉽게도
길 끝은 보이지 않네

길 위를 걷는
우리는
때론 느리게
때론 빠르게
발걸음 마다 흔적을 남기며
자신만의 이야기를 써 내려 가는 것을
길은 알고 있지 않을까

길은
우리에게
멈추지 말고 앞으로 나아가라고

그 끝에 무엇이 있을지는
알 수 없기에
갈 수 밖에 없는
그래서
우리는 걷는 것이 아닐까

희망과 꿈을 안고
길 위의 인생을 살아가지만
길이 있기에
살아가는 의미가 있다는 것을

둘레길에서, 문득

둘레길을 걷다보면
길을 정복한다는 들뜸이 있다
걸었던 길을 지워갈 뿐인데
스스로의 충만감에 빠질 때가 있다
봄을 살고
여름을 살고
가을을 살다
접어든 겨울 문턱에서
발아래 떨어진 낙엽을 보면
들뜸도
충만감도
일탈이었다는 것을

사랑할 수밖에

만추의 계절을 지우고
나의 손길을 기다리는
이웃을 향해 달려가는 마음이다

젊은 시절
오늘과는 다른 그때
단풍을 쫓아 방방곡곡
헤맸던 추억이 있다

삶의 애정이 변한다고
소란스러운 것이 아니다
나만 즐길 수 없는 것에 이끌려
요즘 나를 기다리는 이들에게 하루라도

손길 놓치면 내 존재마저
흐릿해질 듯한 불안
그러므로 그들을 사랑할 수밖에

제4부

고운 선생의 발자취

산과 구름이 어우러진 푸른 고장
고운의 발자취를 담은 이곳
고즈넉한 기와지붕 아래 흐르는
천 년의 역사와 지혜의 향기

옛 선비의 숨결이 깃든 방
고서의 낡은 페이지에 묻어나는 세월
그의 글 속에 담긴 진리와 철학이
박물관을 가득 채우고 있어 향기롭다

시간을 거슬러 그 시대를 걷는 듯
역사의 발자취를 따라 걸으며
함양에서 선비의 정신이 깃든
고운의 철학과 진리를 다시 만나다

약속의 길로 향하다

마음은 아련함과 동시에
감사함으로 가득하여
내 딸과 사위가 행복한 길을 걷고
새로운 가정을 이루는
출발의 시간이 그윽하다

나는
사랑스러운 이들이 행복하고
영원한 사랑과 서로를 아끼는 마음이
변함없기를 바라며 소망한다

사랑의 약속
내 딸과 사위가 하는
사랑의 언약을 하는 이 순간을
영원히 기억하며
아낌없는 사랑과 축복을 보낸다
사랑한다. 너희의 사랑을

마음과 마음을 잇다

철제문을 열 때마다
이야기들이 들락거리고 있다
기부자의 따뜻한 손길과
받는 이의 감사한 마음

채소와 과일의 신선함이
마음의 허기를 채우고
어려움 속에서 빛나는 희망이
길거리 냉장고 속에 깃들어 있다

길거리 한편에 조용히 서서
서로를 돕는 작은 기적을 이루며
우리는 모두 연결되어 함께 더 나은
내일을 향해 가는 것을 잊지 않는다

나무의 노래

나는 뿌리를 내리면
그 자리에서 깊게 내립니다.

흙과 바람과 공기와 물을 고루 먹으며
그늘을 만들기 위해
사시사철 노력하며 살아가고 있습니다.

계절의 변화가 나를 흔들어도
다시 살아나는 끈질긴 생명으로
처음처럼 그늘을 만들어내는
생명력을 아끼지 않습니다.

꽃과 열매가
나를 한창 아름답게 할 때
태양은 정수리를 뜨겁게 하고
그 아름다움과 정수리의 열을 식히는
계절을 향할 때 이별을 준비합니다.

잎사귀가 다 떨어지고
나의 가지가 앙상하게 드러나는
겨울을 맞이하기 위한 이별을 준비하여도
나목으로 된
나의 모습을 슬픔이라고 말하지 않습니다.

새로 태어나려면
새로 태어나는 과정이 있어야 되지 않겠습니까?
심호흡하며 아름드리 그늘을 만드는
고통은
고통이 아닙니다.
뿌리는 더 깊이 내리고
봄을 맞이하는
거룩한 과정이므로 인내하고 견딥니다.
무수한 억측을 스스로 이겨내면서

석양이 물든 버스종점에서

노을 지는 언덕 끝
버스 종점에 서 있던 어린 날의 나
바람결 300미터 따라
하루의 끝을 기다렸다

먼지를 안고 다가오던 버스
구름처럼 느릿한 그 발자국
문이 열리면
나는 들꽃처럼 고개를 들었다

아버지가 보이지 않으면
햇살처럼 다음을 기다리며
오래도록 가만히 서 있었다

마침내
지는 해를 등에 업고
아버지의 발걸음이 내게로 다가오면
나는 바람처럼 달려갔다

손엔 고등어와 갈치
따스한 술 냄새 감도는 저녁
아버지의 노랫소리
풀벌레 울음처럼 은근히 스며들었다

그 노래가 들리면
나는 별빛 업은 강물처럼
등을 밀며 집으로 향했다

오늘 저녁도 석양에 물든 그 버스 종점에서
아버지의 노래를 기다렸다

독도

의연하다
혼자 떨어져 있어도

그런 의연함이 보고 싶어
또 왔다

괭이갈매기의 마중도 반갑지만
뭍은
너의 든든한 심장으로 숨 쉬고 있다는 것을
알리려 왔다

파도가
사시사철 노래 부르는 것도
너의 편안함 때문이리라

밤이면 수많은 별
너를 향하여
하늘에 떠 있고

밤이 지나면
바다는 은빛으로 출렁일 것이니
너의 평화를
내 삶의 양식으로 삼으리라

수업 중에

봉사하는 마음은
스스로
마음이 앞서야 한다
빵 하나를 먼저 꺼내놓은
친구 앞에서
'아차' 하면
뒤차일 뿐이다

가난한 이의 마음을
먼저 읽는 것은 시간을 다툴 수도 있다
가난은 아니지만
언제 내놓는다는 것 또한 시간이다

순간을 놓치면 후회하는 것이
우리 일상에도 부지기수다
순간을 잘 포착하여
위로가 되는 기회가 있기를

시간 속에 피어나는 꿈

고요한 바람 속
눈부신 햇살 아래 피어나는 꿈

우리의 발걸음
또 다른 길을 찾아
작은 발자국의 흔적을 남기네

어제의 기억은
오늘의 씨앗 되어
내일의 꽃으로 피어나리라

삶의 페이지마다
새겨진 의미
그 안에서
또 다른 뜻을 찾아

흐르는 강물처럼 멈추지 않고
하늘의 별처럼 빛을 잃지 않으리라

우리의 마음속 깊이 자리한 소망
그것이야말로 진정한 뜻이리라

생각

공자가 말한 귀가
열리는
나이를 훨씬 넘었다

한참 이야기를 듣다 보면
시선이 창밖으로 나간다

내 귀보다 내 손을 기다리는
목소리와 체온이
창밖에 어른거리고 나를 재촉한다

들을수록 좋은 말씀이긴 하나
바쁜 마음이 의자를 들썩이게 하는 것을

그래도 참자
시선 방출에 얼마나 서운해 하실까

화요일, 열다섯 시 경

멈추고 있던
문학의 성장이 시작됐다

창작의 열정을 앞세우고
바쁘게 계단을 뛰어올라
문을 두드렸다

침묵의 호흡이
열렸다

상기된 눈빛의 소리에
잠시 압도 된다

속살까지 두근거림에
전율해 있는 오늘
화요일 열다섯 시 경

창작의 문, 길을 열다

꿈은 작은 씨앗처럼 작지만
희망과 열정으로 키워 나갈 수 있듯이
우리는 각자 다른
삶의 의미와 목표를 가지고 있습니다.

그렇듯이
나는 나의 속에서
자아를 발견해 나가는
행복의 길을 열고 싶습니다.

명산 주인이 되어

주인의식이란
마음에서 우러나오는 것이 아니라
저절로 생겨난다는 것을
창작교실에 처음 들어서며
새삼 느꼈다
빈 칠판
빈 의자들이 전해주는
말소리가 들려오고
마치 산에서
내 메아리를 듣는 듯하다
나는
명산 주인이 되어
그 이모저모에 젖어든다

틈

작은 공간이지만
엄청난 가능성을 품고 있는 틈
그 속에서 무언가 탄생할 수 있고
새로운 세계가 열린다

틈은 우리가 놓치고 있는 것들
숨겨진 보물들을 발견할 수 있는
창구와도 같은 곳
그 속에서 우리는 새로운 영감을 얻고
새로운 아이디어를 발견 한다

틈은 우리가 미처 알지 못했던
새로운 가능성을 열어주는 문이다
그 속에서 우리는 더 나은 삶을 꿈꾸고
더 나은 세상을 만든다

틈은 작지만 그 속에는
무한한 가능성이 숨겨져 있고
그 틈을 찾아보고
그 틈을 통해 새로운 세상을 이루게 한다

해심 읽기

수천 겹의 파랑,
그 안에 고요히 숨 쉬는 생명들
희망을 키워내고 있다

토끼와 거북이의 이야기를 만들어
해심 속의 비밀을 캐고 싶어 한
고전을 읽으며
바다의 파랑은 나의 꿈을 키웠다

해심을 읽으려
시간이 틈을 내 주면
육지의 길을 멈추고 바다로 향한다

알아가면서
만나가면서
길거리에서 길을 내듯이
만나고 싶은
파랑이 겹겹이 있는 바다

희망을 축복을 읽고 있다
출렁출렁
넘실넘실

그대를 위한 불꽃

산들바람 불어오는 들판에
한 줌 햇살이 온 세상을 비추듯

봉사의 손길은 어둠 속에서도
희망의 빛을 키워갑니다

한 방울 빗물이
메마른 땅을 적시듯

따뜻한 손길 하나가
지친 마음을 감싸 안습니다

낙엽 쌓인 겨울 끝에서도
생명의 싹이 돋아나듯이

고립되어 있는 당신을 구할 것입니다
당신이 발휘할 생명을 위하여

내 마음의 별 하나

바람이 불면
흩어지는 낙엽처럼
가끔 삶의 무게에 눌려
내 마음 속의 별 하나 찾는다

바람은 또 다른 길을 내어 주지만
어둠일지라도 곧게 가리라

비가 내리면
잠시 멈추고 쉼을 하고 싶지만
나를 기다리는 손
바람 속에서도 멈추지 않아
재가동하여 열을 올리고 띈다

어둠을 빛내는
칠흑 속에 별 하나
나와 같은 길을 걸어왔을 것 같다는
생각이 나를 이끌고

별처럼
자연스럽게
내 길을 가며 어둠을 씻으려 한다

밤낮없이 피는 어둠
그곳에는
내 마음의 별 하나 항상 떠 있어
그들의 손을 잡을 수 있다

제5부

산동네

비탈진 골목을 따라
작은 집들이 마치 키를 재듯
고만고만하다
낡은 담벼락에 시간이 흘러간 흔적
기우뚱 기우뚱
좁은 길을 지나
누군가의 추억을 자우고 가는 바람
따뜻한 햇살에 부드럽다
반 쯤 열린 대문 사이로
콜록거리는 기침이 새어나오고
같이 늙어가는 이웃 노인의 지팡이
땅을 짚는 소리에
왠지 쓸쓸하고 외로운
좁은 졸목길이 있는 산동네
즐겁던
웃음소리를 기억하고 있어 정답다

달동네에 피는 아침

달동네의 아침
창문 너머로 들려오는 작은 소리가
반갑다

후원자들의 발걸음이
골목길을 또닥거리고
문을 열고 들어서면
노인들의 얼굴이 햇살보다 밝다

작은 집안에 흐르는 정
그 속에서 피어나는 따뜻한 사랑
매일같이 이어지는 봉사의 손길로
달동네의 아침, 어제보다 밝다

희망의 불씨가
노인들의 마음에 전해지는
아침,
새로운 희망으로 달동네 뜬다

지리산 둘레길

지리산 둘레길을 따라 걸어가며
자연의 품에 안겨 떠나는 여행이다

두 발에 힘주어 오르며
하늘에 닿을 듯 높이 솟아가는 순간
계곡을 따라 물이 흐르고
마음을 가볍게 풀어내는 시간

소나무의 그림자에 가려진 길을 따라
발자취에 이야기를 묻는다
지리산 둘레길 완보는
자연과의 대화
마음의 여유를 찾는 여정이다

정읍, 바람의 기도

내장산 붉은 능선 위로 저녁 햇살이 스며들면 바람은
옛 노래 하나 살며시 귀에 속삭인다

그 노래는 한 여인의 기도로 시작되었다
"이 몸이 죽어 가서…" 천 년을 건너온 사랑
백제의 숨결이 아직 이 땅에 머문다

정읍사 아래 고요히 흐르는 강물처럼
시간은 슬픔과 그리움을 품고
벼 이삭 고개 숙인 들녘 위로 묵묵히 걸어간다

돌담을 따라 난 골목엔 역사의 그림자가 얹혀 있고
일제의 칼바람 속에서도 피어난 이름 모를 꽃들은
지금도 정읍의 가슴에서 피어난다

동학의 불꽃이 들불처럼 타오르던 날
사람이 하늘이라 외치던 외침은 짓밟힌 대지에서
다시 일어섰다

이곳은 과거가 멈춘 자리가 아니라
현재를 일으키는 숨결이다
묵은 시간 위에 쌓인 삶, 고요하지만 단단한 노래

나는 오늘, 그 노래 위에 선다
바람 속에서도 흔들리지 않는 나무 한 그루처럼
정읍의 이름을 가만히 불러본다

그러면, 들린다. 시처럼, 바람처럼
사람처럼 – 정읍의 심장

정읍에 스미다

천년의 노래가
아직도 산허리 돌 틈에서
숨 쉬고 있다

내장산 자락에 몸을 기댄 채,
붉게 타오르는 단풍을 보며
문득,
사람의 마음도 저리 물들 수 있을까

벼가 고개를 숙이는 들판에
어머니의 손처럼 따스한 햇살이 번지고
장터 골목
삶의 냄새가 바람결에 섞여 온다

정읍사 한 구절
"이 몸이 죽어 가서…"
그 절절한 사랑이
이 마을의 노을처럼
조용히 내 마음을 적신다

여기선
그리움도 풍경이 되고
기다림조차 시詩가 되는

정읍,
그 이름만 불러도
가슴 한편이 저릿하게 젖어 드는
내 삶의 어느 오후 같은 곳

나는 오늘,
그곳에 스며있다
한 줌 바람처럼 말없이
그러나 깊이

불갑사에서

불갑사의 여명에
바람은
희미한 별빛을 베고 흔들린다

길을 따라 걷다가
먼저 깬 새 지저귐에
살아있는 숲의 향기를 뿜고
어둠 지워가는 새벽

삶의 소란을 피해 찾은 쉼터는
고요한 명상으로 신비롭다

나는 스스로 상相을 가지고 왔다는
것을 부인했지만
무거운 것은 무엇이란 말인가

비운다는 것이
얼마나 어려운 것인가를

바다에 가면 바람이 있다

바다에 가면
셀 수 없는 바람을 만난다
먼 바다가 아니어도
내 마음 하나 가지고
시동을 걸고 나가면
내 마음 안에
바람이 불기 시작한다
가난한 이웃의 소리가
파도소리 듯이 따라 나와서
출렁거리고
대낮의 반짝거림으로
노를 젓다가
방향을 180도로 바꾸는 일이 비일비재하다
포구에 닻을 내리고서야
비로소 수월해지는 바람은
길거리 냉장고가 있는 곳에서
한결 부드럽다

갈매기의 항해, 칠천도에서

주말이면 자주 칠천도를 찾는다
칠천도를 에워싼
바다의 품에서 자유를 느끼고 싶은
나름 도시 탈출이다

갈매기가 공중을 항해하듯
나 또한 먼 바다를 향해 항해를 꿈꾸며
일상의 근심과 걱정들을 지운다

마치 나를 감동시키고 위로해 주기 위해
태어난 것처럼
진종일 반짝이는 바다의 소리에
함께 온 도시가 진정되고
나에게 고요한 시간까지 선물해준다

바다의 품에서 정화되는 마음 후에
갖게 되는 평화가
새로운 에너지를 제공하는 그 순간
바다는 나에게 보물이다

바다의 품에서 나는 자유와 평화를 찾고
새로운 꿈과 희망을 안고 일상으로 돌아오면
나의 삶은 다시 활기를 찾는다
갈매기의 날갯짓보다 더 큰 날갯짓으로

해질녘의 신호등

자동차가 밀리는 것도 예사인데
해질녘이면
을씨년스럽다

신호에 밀려
자동차와 사람도 지치게 하는
신호등

계절을 떠나서
모두 을씨년스럽게 하는
해질녘의 신호등이다

오월엔 그럴 수밖에 없다

오월의 꽃에는
저마다의 예쁨이 있다

꽃 한 다발 꽃 속에서
설렘을 기쁨을 만끽하는
즐거움이 있다

철쭉의 연분홍에 이끌려
오월은 중턱에 왔고

오월의 태양은
장미의 붉은 빛깔을 시샘할 것 같아
라일락 향기가
우정을 깃들이는 오월

하얀 카네이션의 슬픔이
들뜬 분위기를 조용히 가라앉히는
사색 그리고 그리움

오월엔
오월에 피는 꽃으로
시선을 꽂을 수밖에 없다

꿈과 현실의 조율

삶은 두 개의 날개
하나는 꿈 하나는 현실
꿈은 높이 날아오르라 하고
현실은 땅을 딛고 서라며 발목을 잡는다

날개의 한쪽만으로는
결코 멀리 날 수 없는 법
꿈만 쫓으면 바람에 흔들려
방향을 잃고
현실에만 묶이면
한 걸음도 나아갈 수 없어

우리는 두 날개를 펼쳐
때로는 꿈을 키우고
때로는 현실과 타협하며
서로 다른 힘이지만
같은 하늘을 향해 날갯짓한다

비록 바람이 거세게 불어와
높이 날아오르지 못해도
우리의 날개는 멈추지 않아
허공을 가르니
추락은 있을 수 없어

이렇게 우리는
꿈과 현실 사이를 날며
하나의 하늘을 나아가는 아름다운 날개가 있어
행복하다

길을 걷다

물결에 춤추는 산길
햇살 가득한 바람 속
한 마리 새가 하늘을 품는다

발소리 울리는 길목에서
돌들이 속삭이는 이야기에
험한 길 위 미소가 번진다

용기가 힘을 실어 주어
두려움 없이 걷는 길 위에
소망이 넓은 가슴에 피어나듯

풍요로운 여정이란
도착이 아닌, 그 여정 자체
길을 걸으며 풍요롭게 나를 채운다

작은 빛의 희망

낡은 집으로
작은 빛의 희망이 간다

고독한 노인의 한숨을 삭이게 하는
희망의 작은 빛이 간다

작은 손길 하나, 따뜻한 미소하나
그들에게 위로가 되기 위하여

달동네의 좁은 골목길마다
스며있는 가난, 작은 빛에 살아나는 희망

작은 나눔 속에
기쁨이 있다

외로운 노인의 낡은 집
오랜만에 웃는 소리가 밖으로 새어 나간다

한해 끝자락에 서서

내 삶을 조용히 돌아봅니다.
눈물로 적신 날도 있었고
웃음으로 물든 날도 있었습니다.

그러나 오늘,
내 마음을 부드럽게 어루만지는 것은
당신이 내 곁에 있어 주었다는 사실입니다

고맙습니다.
쓰러질 듯한 순간마다
잡아준 손길이 있었기에
내 걸음이 흔들리지 않았습니다.

감사합니다.
어둠 속에서도 빛이 되어 준 당신
작은 말 한마디와
따스한 눈빛 하나가
내 하루를 환히 밝혔습니다.

행복합니다.
비록 완벽하지 않은 날들이었지만
당신과 함께였기에
모든 순간이 소중한 추억으로 남았습니다.

시간은 지나가지만
올해 당신이 준 온기는
영원히 내 마음에 머물 것입니다.

이제
새로운 시작 앞에 서면서
다시 한 번 다짐합니다.
당신이 준 사랑과 희망을
더 큰 행복으로 돌려주겠다고

고맙습니다.
당신이 있어 내가 빛날 수 있었습니다.
감사합니다.
이 한 해를 살아낸 모든 순간을 위해

그리고
행복합니다.
당신이라는 선물이 내 삶에 있었기에

새해 시작에 나의 모험이 시작되다

새로운 시작이 열리네.

지난해의 아픔과 아쉬움을
고스란히 뒤로 두고
새로운 꿈을 안고 나아가려 하네.

가슴에 피어난 꽃들을 보며
끝없는 가능성을 느끼고
책의 한 페이지 같은
새해의 시작은
나는 새로운 이야기를 쓸 준비를 하네.

서서히 솟아오르는 새해
첫 태양에 더욱 강해지는 나
새로운 도전과 성장이 기다리는
한 해를 느끼며
용기와 희망을 가지고 나아가네.

시작은
새로운 세계의 문이 열리는 것

나는
그 문을 과감하게 열고
새로운 모험을 시작하려 하네.

| 평론 |

인연과 생명, 지극한 사랑의 휴머니티

박미정 | 시인 · 문학평론가

　시인의 체험이 일상과 연대하여 강렬하게 인식하면서 거기에 대한 중요한 의미를 포착하여 형상화하는 것은 독자적인 시세계의 갈망이다.

1

　지상협 시인, 첫 시집 『너를 잃고 나를 만나다』를 발간했다. 그의 시집 자서에서 〈살아 계실 때 다하지 못한 효孝, 소외계층의 여러분을 만날 때마다 부모님의 얼굴이 겹쳐 보입니다. 그래서 더 따뜻하게 더 진심으로 살아야겠다는 마음으로 그들을 만나고 뒤늦은 효孝의 길이라고 스스로 화해를 구하기도 합니다.〉라고 하여 휴머니티를 실천하고 봉사자로서의 길을 천명하고 있다. 그리고 그 길에서 효孝를 회복하고 있음을 밝히고 있다.

이로 미루어 시인의 체험은 효孝를 깨우치게 하는 실천이며, 이웃과의 격리가 보편화되고 그로 인해 공동체가 낯설고 불안한 현실에서, 빛이 되고 휴머니티의 상실을 회복하여 미망의 눈을 밝히려는 고뇌와 아픔을 극기하면서 보다 건강한 삶을 희구하는 염원이 내포되어 있는 시집이라 판단된다.

그러면 시인의 시에 영향을 끼쳤을 사회적 활동을 먼저 살펴보는 것을 양해 바라며 읽고자 한다. (사)생명푸드셰어링 이사장, 부산발전시민재단 이사, 전국자원봉사자, (사)교통문화운동시민연합 교통안전 위원장, (사)재해극복 범시민연합 부산/경남대표, 법무부보호관찰소 분과위원장 등으로 활동하고 있다. 시인은 사회 구석구석 뛰어다니며 혹은 찾아다니며 따뜻한 마음을 전달하고 어두운 사회를 밝혀나가는 데 동행하거나 앞장서고 있다고 보아진다.

2

다음 시「반딧불의 길」은 시인이 사회를 향해 지향하는 사랑과 자기 스스로 미망의 눈을 밝히려는 심상을 표상한 시편이다.

> 깊은 밤 숲속 어둠의 한가운데
> 작은 빛 하나

길을 내고 있다

누군가의 발걸음을 돕기 위해
조용히 자기를 태우고
어둠을 밝히며

가난한 이의 눈물을 닦고
등불이 되어
희망의 노래를 부르게 한다

― 「반딧불의 길」 전문

이 시에서 현실은 깊은 밤 숲속 어둠 한가운데라고 밝히고 있다. 이것은 시인 자신의 세계를 자연의 질서에 용해시키고자 하는 의도이며 작은 빛 하나가 길을 내고 있다는 것은 우주적 가락으로 용인해도 좋을 듯하다. 자기를 태우는 희생으로 어둠을 밝히는 원리는 사랑과 생명의 원리이며 동시에 희망을 희구하는 원동력이 된다. 덧붙여 '-부르게 한다'는 피동사를 적절하게 사용하여 가난한 이의 눈물을 닦아주는 손길의 애정을 겸손으로 승화시키고 있음을 볼 수 있다. 이렇게 부르게 하는 희망의 노래는 다음 시들 편에서 자아의 본성임을 확인하고 있다.

"어둠 속에서도 빛나는 희망/ 내일의 날개를 펴고 날아오르리라/ 이 순간을 품에 안고/ 영원히 기억할 수 있기를/ 다시 사랑할 수 있기를"(「어둠 속의 대화」

부분)에서 희망의 날개를 펴는 순간을 가슴으로 깊이 인식함으로써 '희망'은 '사랑'을 표상하는 의식작용으로 쓰이고 있다. 이를 통하여 서정은 지식보다 사랑을 실천하는 세계관이 된다.

"달동네의 어르신들께/ 우리는 희망을 전한다// 그들이 웃을 때, 우리도 웃고/ 그들이 행복할 때 우리도 행복하다// 나눔의 기쁨은 그렇게/ 달동네 구석구석에 스며든다"(「같이 웃는 기쁨 되기를」 부분)에서 '희망'에 대한 간절한 갈망을 '그들이 웃을 때'와 '그들이 행복할 때'라고 하여 소극적으로 배치하였으나 이것은 생성의 이미지로서 시의 생명력을 더 크게 확장시키는 현실화를 추동했다.

"가장 작은 손길에서 피어나는/ 커다란 변화의 물결이여/ 봉사는 무모한 도전의 길// 그 끝을 알 수 없어도/ 걸어가는 발자국마다/ 새로운 길이 피어나리라// 서로의 마음을 이어주는/ 희망의 다리, 봉사의 이름으로"(「따뜻한 빛으로」 부분) 보여주는 가장 작은 손길은 마음과 마음을 교감함으로써 인간과 사회에 대한 희망의 의지로 변용되어 봉사의 이름을 단단히 다져가는 것을 알 수 있다.

만약 날개가 있다면

아침 허공에 노래를 짓는
아름다운 새가 되고 싶다

만약 날개가 있다면
가난한 이웃에게 날아가
부름에 응답하리라

그들의 눈물을 닦아주고
작은 바람이라도 막아주리

돌아오면
날개를 내려놓고

내일 아침을 위해
다시 날개를 지어

훨훨
그들을 향하여 날아가고 싶다

— 「만약 날개가 있다면」 전문

   이 시에서 '날개'는 단순한 환상의 도구가 아니라 적극적인 메신저 역할을 하는데 쓰이고 있다. "아침 허공에 노래를 짓는／ 아름다운 새"와 "가난한 이웃에게 날아가／ 부름에 응답"하는 양가적 이미지로서 자기 보존과 동시에 타자를 사랑하는 의식의 발로로 쓰이고 있다. 이러한 지각은 2연에서 '-싶다'와 8연에서 '-싶다'의 차이점처럼 다르지만 욕망인 것은 틀림없다. 그리고 날개를 보다 구체적으로 전달하고 있는 시인의 의도 또한 그들의 좌절로 부터 모색에 이르는 진전의 길이 되고 있다. 그 길이야 말로 사랑의 진정성에 이를 수 있는 길이라고 생각했던 것이라고 하겠다.

> 따뜻한 마음
> 따뜻한 손길 하나가
> 하루를 밝혀주고
> 희망을 잃은 눈빛을 살아나게 하여
> 삶을 발견하게 하는
> 길거리 나눔 냉장고
>
> 작은 나눔이 큰 행복이 되고
> 서로의 마음을 연결하는 징검다리가 되어
> 사랑의 연대를 만들고 있다
>
> 함께 하는 순간이
> 얼마나 아름다운지
> 작은 정성이 모여 큰 기쁨이 되는
> 순간이 얼마나 행복한지
>
> 마음과 마음을 따뜻하게 연결하는
> 길거리 나눔 냉장고
>
> 사랑이 시작되고
> 희망을 싹트게 되어
> 웃음으로 행복을 펼쳐 나가게 한다
>
>   -「길거리 나눔 냉장고」 부분

위의 시구에서 보듯이 '길거리 나눔 냉장고'는 따뜻한 손길을 함유하고 하루를 밝혀주는 의미와 겹쳐보면 빛으로 읽힌다. 길거리 냉장고의 나눔에서 생성되는 행복은 마음을 연결하는 순환 고리로서 일회적으로 거치지 않고 재귀적으로 반복된다. 이렇게 하여 확산되는 행복은 사랑으로 이어지고 희망을 싹트게 하여 다시 행복으로 펼쳐가 서로 꼬리를 문 우로보로스의 구조로 보인다. 시인의 본원적인 이웃으로 향한 사랑을 삶의 현장에서 추구하려는 자세를 생활과 체질로 단단히 엮어가고 있으며, 진정한 의미에서 마음의 연대를 절연할 수 없음을 시사한다. 지상협 시에 있어서 경험의 직접적 제시와 함께 그 경험의 구체성을 시적 전체성으로 확장하여 보다 더 큰 감동이 있음을 알 수 있다.

3

너를 품던 시간은
늘 너의 그림자였다
내가 웃을 때도
그 웃음은 너의 것이었지

너를 위해 고른 말
너를 향한 걸음
그 속에 나는 없었다

어느 날,
너를 잃고서야
침묵의 거울 앞에 섰다

비로소 낯선 눈빛이 말을 걸었다

"너는 누구니?"

그제야
가려졌던 나의 이름을 부르고
숨죽였던 꿈들이 숨을 쉬었다

아프게 너를 떠나
처음으로 나를 만났다

작고 조용하지만
온전한 나,
나를

너를 잃음은
나의 끝이 아니고 나의 시작이었다

― 「너를 잃고 나를 만나다」 전문

  이 시에서 시인은 본질적인 태도를 회복하자는 의욕을 보이고 있으며 '너'라는 관념적인 대상을 시인의 내부에 용해시키고 있다. 시인은 '너'를 갈구하고 평범한

'너'가 아니기에 '너' 속에서 '나'를 지우기를 계속한 것이나 다름없다. 그러함에도 시인의 감정은 과거와 현재의 융합에서 오는 모호한 상처를 완강하게 버티며 "나는 없었다"라고 하여 순결한 순명의식을 밝히고 있다. 이러한 의식은 그 순결한 생명력이 퇴색되어 가는 이중적인 공간의 투영으로 알 수 있다. "어느 날,/ "너를 잃고서야/ 침묵의 거울 앞에 섰다"는 비극정서에서 시인의 역량을 눈여겨 볼만하다. 체념적인 태도를 취함으로써 거리감을 확보하여 나름대로 시적인 긴장에 성공을 거두고 있다. 그리고 "너를 잃고서야"의 비극을 더욱 효과적으로 나타내는 "너는 누구니?"라고 하는 서사충동은 지상협 시인이 보인 한계이지만 절반의 실패이기도 하여, 역설적으로 절반의 성공이라고도 할 수 있다. 너를 위한 감상적인 정서가 나를 유야무야했으나 나를 찾으려는 의지가 암울한 상황을 극복하고자 하는 열망으로 표출된다. 거울이라는 객관적 상관물을 통해 본 나를 찾는 자각은 '너'와 '나'를 일치하게 하여 "그제야 가려졌던 나의 이름을 부르고"의 현실을 천명하고 있다. 이를 수용하여 시인의 태도는 "아프게 너를 떠나/ 처음으로 나를 만났다"는 진술을 보이기도 하지만 건강한 생명력의 측면에서는 승화한 듯한 인상을 지우기 어렵게 만들고 있다. 시인은 '너'와의 이별을 통해 허상으로 고착화된 관념의 덩어리를 떨쳐버리는 안식의 면모를 보이고 있으며 뚜렷한 자각으로 새로 시작이라는 낙관적 서정주의에 기초하고 있다. 그리고 이 시가 좋은 것은 경험을 정서의 구체성으로 표현하면서 고유의 울림을 갖고 있는 데 있다고 하겠다.

다음 시 「그날, 풍경소리」에서 침잠의 세계에서 드러나는 나를 따라가 보기로 한다.

> 절을 찾았다 처마 아래 풍경을 바람이 치고 있다 바람소리가 없다 불가능을 감지하는 순간 물고기 한 마리는 좋아서 바다 깊숙이 노를 젓는다 물결치는 바다, 바다가 저만치 수평선을 그리며 그 너머에서 오는 희망의 소리를 안고 처마 아래 풍경을 치고 있다 땡그랑 땡그랑 맑은 소리를 내며 드러난 푸른 바다, 푸른 물결소리다
>
> ―「그날, 풍경소리」 전문

「그날, 풍경소리」는 비약적인 발상을 통하여 실현하고자 하는 바람을 성취하는 구조라고 하겠다. 행과 연을 무시하고 한 줄로 이어가는 독특한 형식을 선호한 것은 시인 자신의 초상일 수 있는 물고기가 시의 내부와 보다 더 긴밀한 관계 갖기를 위한 것이 아닌가 생각된다. "물결치는 바다, 바다가 저만치 수평선을 그리며 그 너머에서 오는 희망의 소리를 안고 처마 아래 풍경을 치고 있다"에서 성장과 지각 그리고 희망을 상징하는 푸름이 시의 이미지라고 할 수 있다.

"물결이 굴러오면서/ 파도를 깨우고 있다// 바다의

고요가/ 바다 끝에 닿아// 하얗게/ 해안선을 그리는 파도// 밀려갔다/ 밀려올 뿐// 고요하고 괴괴한/ 겨울새벽이다, 아직"(「아직, 겨울새벽」 전문)에서 〈물결→파도→바다→해안선〉으로 이어진다. 하지만 수용의 자세는 취하지 않고 시각의 대상으로 의미를 해석하고 있다. 마치 스냅사진을 한 장씩 읽어가는 듯하다. 이같이 일련의 흐름이 관조적인 자세를 취하게 하며 '아직'의 이법에 순응하는 자세로서 기다리게 되는 것이 아닌가 생각된다.

"칠흑 같은 어둠일지라도/ 우리, 같은 길을 걷는다면/ 서로서로 등불이다// 어두울수록/ 별이 빛나듯이/ 우린/ 서로를 단단히 신뢰하고/ 길을 만들며 갈 수 있다/ 서로서로 힘과 마음을 합하여/ 가난한 이웃에게 다가가자!/ 그들과 함께/ 같이 웃자"(「우리 그렇게 하자」 부분)는 직접적인 체험과 정신적인 면과 객관적인 면을 이유로 들어 시인이 추구하고자 하는 것에 보다 진취적인 자세로 새로운 지평을 열고 있다.

"비가 거칠게 내리는 밤을/ 꼬박 새웠다/ 길거리 냉장고를 이용하는/ 그들도 밤을 설쳤을 것 같다// 간헐적으로 내리는/ 비의 횡포에 바람까지 더하여/ 가슴을 쓸어내리며/여명의 시간을 기다린다/ 기다리는/ 동녘은 어제와 다르게 깜깜하다// …생략…// 떠들고 지나간 그 가운데서/ 여전히 자리를 지키고 있을/ 길거리 냉장고의 안심부터 살피고/ 그들의 밤도 안녕했는지 자세히 보아야겠다"(「결렬한 비, 자세히 보자」 부분)에서 지상협 시인의 진지하고 섬세한 목소리를 듣는다. 그의 안정된 목소리는 인간적인 사랑과 따듯함이 스며있다. "어둠 속에서도 빛나는 희망/ 내일의 날개를 펴고 날아오르리라/ 이 순간을 품에 안고/ 영원히 기억할 수 있기를/ 다시 사랑할 수 있기를"(「어둠 속의 대화」 부분)에서 시인은 관조적인 자세에 머무르지 않고 상황 그 자체에서 의미를 보다 심화하여 진정성을 획득한 삶으로의 지향이 선명하다. 그것이 희망 부여일 때, 가장 인간적이고 생명적인 존재의 본질을 체득하게 되는 것이다.

>울퉁불퉁한 돌길을 걸어가며
>정상을 향해 나아가는 길
>
>꽃과 새와 바람까지
>잠시 쉬라고 말하네
>
>선택한 길이기에
>가야할 길이기에
>
>자식 농사가 풍년 되어
>발걸음이 가속화 되네
>
>길엔 시련과 억성이 기다리지만
>아버지가 날 위해 놓은 발걸음을 따라

그 길엔 희망과 미래가 놓여 있어
그 안에서 내 삶의 의미를 찾으며

아버지의 길 그리고 나의 길
서로 다르겠지만 하나다

나는 아버지의 뒤를 이어서
자랑스럽게 걸으리라

— 「아버지의 길」 전문

 이 시에서 〈아버지〉에 대한 존경의 목소리가 잘 나타나 있다. 아버지의 생활과 삶을 직접화하기 위해 아버지의 발걸음에 관심과 인식을 집중하고 있다. 이러한 사실은 매우 중요하다. 문학은 주장이 아니며, 드러내고 보여주는 양식이기 때문이다. 아버지의 일상생활이 후경화가 되어 나의 전경화를 그려나가는데 관련된 것이므로 그만큼 진실하고 절실하다.

4

가을바람이 부는 날
낙엽들은 저절로 떨어진다
하나씩 땅에 내려앉으면서
잠시 쉬어가는 듯한 모습을 보인다

낙엽들은 어떤 이야기를 들려주는가

한 장면 한 장면이 흘러가며
지난날을 회상하게 한다

그리움의 눈물이
낙엽 한 장을 고르고
비석을 세우는 목소리가 들린다

낙엽은 비석을 세우고
지나간 추억들을 기리며
잊어지지 않을 소중한 이야기를
들려준다

낙엽이 떨어질 때
먼 데서나 가까운 데서나
나는 수시로 비석을 세우고
속삭인다

그대의 기억은
영원히
내 마음속에 새겨져 있다

─「낙엽에 비석을 세우다」 전문

 이처럼 지상협의 시는 이성과 상상력을 화해하고 있음을 볼 수 있다. 시인의 건강한 감수성이 낙엽과 비석의 상징적 조화를 이루고 고독과 우수를 그려내고 있다. 도시적 삶이 보여주는 우울한 분위기가 연상됨으로

써 더욱 절실하게 다가온다. 궁극적으로 만나고자 하는 대상이 그대의 기억이라고 단정 짓기보다 차라리 고독의 저항이라고 하면 어땠을까 하는 독자 나름의 아쉬움이 있다. 이처럼 그의 시학이 평범한 일상에서 유리되어 휴머니티만의 견해를 가지고 있는 것은 아니다. 지극히 서정적인 면모로 감정의 순환을 배제하지 않고 있는 "바람이 더욱 세게 불어와/ 내 간절한 마음도 함께 휘어져/ 멈추지 않는 바람이 되어/ 분다"(「바람이 분다」 일부)의 자각은 마음의 현상학을 매우 구체적인 감각으로 형상화하고 있어, 생은 감정적 순환임을 자연스럽게 동의하게 한다. "조용히 속삭이는 눈송이들 사이로/ 어린 시절의 웃음이/ 새하얗게 피어나고/ 그러다가 사라지고 덮이는/ 이 순간,/ 내 마음속에는/ 순수한 첫눈처럼 네가 오버랩 되어/ 조금 쓸쓸하지만/ 그리움 어린/ 첫눈 오는 날/ 다시 너를 만날 수 있기를"(「첫눈」 전문)에서 자신의 것에 지나지 않는 고백을 진지하게 전달받는다. '첫눈'이라는 시제가 풍기는 서정의 의미가 누구나 동일하지 않지만 '그리움'이라고 하는 이차적인 세계에 몰입하게 계기를 마련한다. '첫눈'에서 서정의 흐름이 삶의 진정성을 구성하고 있음을 말하고 있다.

    둘레길을 걷다보면
    길을 정복한다는 들뜸이 있다
    걸었던 길을 지워갈 뿐인데
    스스로의 충만감에 빠질 때가 있다

봄을 살고
여름을 살고
가을을 살다 접어든
겨울의 문턱에서
발아래 떨어진 낙엽을 보면
들뜸도
충만감도
일탈이었다는 것을

―「둘레길에서, 문득」 전문

"발아래 떨어진 낙엽을 보면"에서 '낙엽'이 통찰의 존재로 상징된다. 낙엽은 둘레길을 걸으면서 만난 대상이기는 하지만 그것을 통해 일탈을 감지하고 정복을 지우고 들뜸을 지우고 충만감을 지우고 새로운 희망을 충전하는 계기를 삼고 있다. 내부에서 일어나는 들뜸과 충만감이 일탈이었다고 말하는 것은 상실감이 아니라 뜨거운 소망을 키우고 싶은 생성의 변증법이라고 해도 무방하겠다. 시인은 자연 속에서 새로운 생을 구하고 서정의 물결을 이루면서 휴머니티를 실천하고자 하는 것을 스스로 확인한다.

고목에 활짝 핀 꽃 한 송이
세상과 어떤 인연을 맺었을까

모진 풍파 속에서도 꺾이지 않고
인내하며 지키는 생명

널 바라보며
　　생명의 고귀함을 다시 새겨 본다
　　꽃 한 송이가
　　나에게 전한 향기는 너무 거룩하여
　　아름다움이란
　　생명을 지키는 것에 있음을 깨닫고

　　불가능과 포기가 없다는 것을
　　어떤 어려움을 마주하더라도
　　꿈을 향해 힘차게 나아가야 함을 불러일으켰다

　　고목의 세월을 내가 어찌 알까만
　　꽃 한 송이 벽이 되어
　　기둥이 되어
　　생명을 살리는 훈훈한
　　자연의 삶인 것만은 확실해
　　그렇게 살고자 하네

　　나도
　　어려운 누군가의 숨 쉴 틈이 될 수 있으면
　　한 발 더 그들 가까이
　　손길과 발길이 닿을 수 있도록

　　　　　　　　　　－「자연의 삶」 전문

　전체 7연 23행의 시작은 고목에 활짝 핀 꽃 한 송이의 풍경을 소묘함으로써 인연과 생명을 환기한다. 그 환기는 고목이 꽃이 필 수 있는 숨 쉴 틈을 만들어 주는 것을 감각한 것이며 그것을 실천하려고 하는 진정성이 새로움을 여는 생성의 목소리이다. 시인의 정신적 시세계를 순수한 휴머니티로 의미하여 읽어도 무방한 것은 이와 같이 발현된 강도를 "꽃 한 송이 벽이 되어/ 기둥이 되어/ 생명을 살리는 훈훈한" 것에서 보다 심화시켜 놓았다.

5

　지상협 시인의 시는 작은 나눔이 가난한 사람의 눈물을 닦고 행복의 토대가 된다는 것을 체험하는 것에서 시작한다. 그러한 인식은 해체된 공간을 나눔으로 재건해 나가는 평화와 안식이며 행복이 구가되는 추동력이 되고 있다. 나눔이 이상공간으로서의 회복과 함께 현실을 극복하는 데 재구하고 있으며, 그러한 재구 속에는 소박하지만 화해롭고 평온한 마음이 서로서로 깃들어 있다. 가난한 이들의 현재가 회복하기를 바라는 시편들을 때로는 직설적으로 내 보임으로써 그늘진 현실과 시인의 바람을 자연스럽게 드러내고, 그것이 연민과 그리움의 감정을 배제하지 않고 신선한 감각과 세련미로 썼다는 점에서 확대시키는 울림을 낳고 있다. 또한 그 울림은 시인의 내면속에서 형성되는 서정과 관련이 있어 의의가 크다.